Westerweide Verlag

Bitte beachten Sie die ausführlichen Beschreibungen der präsentierten Bilderrahmen auf den Seiten 190/191

Die Preise zu den abgebildeten Rahmen finden Sie im jeweils gültigen boesner-Katalog. Dort können Sie sich auch zu weiteren Bilderrahmen im Kapitel „Rahmenleisten" und zu anderen Künstlermaterialien informieren.

Den boesner-Katalog können Sie unter www.boesner.com bestellen

IMPRESSUM

boesner gestaltet Räume

Konzeption: Wolfgang Boesner, Ina Riepe
Arrangement, Idee, Gestaltung: Ina Riepe
Fotografie: Ina Riepe
Layout: Corina Hussel
Texte: Alma-Elisa Kittner, Dagmar Winkler
Texte Produktinformation: Christoph Kubiciel, Dagmar Winkler
Lektorat: Schmidt & Knyhala GbR, www.die-schreibweisen.com
Projektleitung und Redaktion: Dagmar Winkler

Druck und Bindung: MOHN Media • Mohndruck GmbH, Gütersloh

Printed in Germany 2006
ISBN 3-928003-41-0

Der Bildnachweis befindet sich auf Seite 191

boesner

GESTALTET

RÄUME

Der hier gezeigte Rahmen „Portofino“ greift den Traum vom Bereisen ferner Länder auf, die private Utopie, in der sich der Traum von anderen Orten kristallisiert.

REISEN ZWISCHEN RAHMEN & RÄUMEN

DER WOHNRAUM

Im Grunde ist er der große Rahmen, die Bühne unseres Alltags. Hier spielen sich unsere privaten Dramen und Komödien ab; hier sind wir scheinbar unverstellt und jonglieren doch immer wieder mit Masken und Rollen, die genauso zu uns gehören. Hier ist der individuelle Raum unseres Lebens, den wir selbst gestalten können und der auch von anderen geformt wird. In jedem Fall ist er prägend für das Leben, das sich jeden Tag in ihm abspielt. Und in dem Rahmen des Wohnraumes: Bilder in anderen Rahmen, die einen Dialog mit dem Raum aufnehmen und anfangen, ihre eigenen Geschichten zu erzählen. Bilder, die dem Wohnraum seine Aura geben und zugleich selbst durch den Raum eine bestimmte Wirkung bekommen. Als Mediatoren zwischen Raum und Bild können die Rahmen dabei die Farben des Raumes aufnehmen, seine Linien weiterführen oder mit seinen Materialien spielen.

DAS GESAMTKUNSTWERK

In unseren Wanderungen durch die Rahmenwelten, die sich auf den folgenden Seiten zeigen, werden wir Verschmelzungen mit dem Raum begegnen, bei denen die Dinge im Bild aus dem Rahmen herausspringen und uns plötzlich plastisch gegenüberstehen. Fläche und Raum, Illusion und Realität gehen Symbiosen ein; sie reagieren miteinander, sodass etwas Drittes, Neues entsteht. Sie bringen unsere

Raumvorstellungen ins Fließen und sprechen mehrere Sinne an. Eine Vase ist eine Vase – vor dem Rahmen und in dem Rahmen, mit einer anderen Stimmung und einer anderen Tönung, mit unterschiedlichen Lichtbrechungen und Durchlässigkeiten. Die Wohnung wird auf diese Weise zu einem Gesamtkunstwerk, sie gleicht einer Collage aus Bild-, Rahmen- und Wandelementen, die sich jedoch ständig je nach Bedarf verändern kann.

DAS FENSTER

Rahmen können aber auch klare Abgrenzungen schaffen, was eine ihrer ursprünglichen Funktionen ist. Das Bild ist dann, wie es Leon Battista Alberti ausdrückte, ein Fenster zur Welt. Es hebt den Bildraum von dem Alltagsraum ab und nimmt zugleich Verbindungen mit unserer Welt auf. Wir können aber auch einfach eine kleine Pause von unserem Leben machen und in diese neue Welt einsteigen, um andere Räume und andere Zeiten zu erleben. Es sind virtuelle Reisen, die wir selbst bestimmen können und bei denen wir verändert zurückkehren. Man ist dort aktiver als bei den flimmernden Fernsehreisen, die rund um die Uhr angeboten werden und bei denen die Aufmerksamkeit in einem weißen Rauschen untergeht. Der Bildrahmen bietet dagegen einen Einstieg in die eigenständigen Reisen an; er tritt hinter das Bild zurück, das in unserem Kopf entsteht. Aus dem Rahmen in die Welt ...

DER KÖRPER

Der Rahmen wird jedoch umso präsenter, wenn er plötzlich ein eigenständiger Körper ist. Man kann Fotografien darauf kaschieren, ihn bemalen oder einfach als Körper im Raum stehen lassen. Er ist dann eine Skulptur, die in ein Verhältnis zu den anderen plastischen Dimensionen des Umraums tritt: Unser eigener Körper wird uns indirekt durch ihn bewusst; wir nehmen ihn anders wahr, wenn wir verschiedene Richtungen einschlagen, um die Skulptur zu erfassen. Denn der Raum wird durch die dreidimensionale Plastik des Rahmens verändert und beeinflusst unsere Bewegungen. Gleichzeitig gehört der Rahmen als plastisches Objekt zur Welt der Dinge und lässt durch sein Dasein die Eigenschaften der anderen Gegenstände im Raum noch stärker hervortreten. Während sie häufig einen funktionalen Charakter haben, kann der pure Rahmen in seiner Funktionslosigkeit und Zweckfreiheit zu Kunst werden.

DIE SAMMLUNG

Der eigenständige plastische Rahmen kann jedoch auch ein Gefäß für Dinge bilden. Er bietet als Objektrahmen Raum für andere Gegenstände, die einen besonderen Ort brauchen. Diese Dinge können sich in ihm zu kleinen intimen Sammlungen formieren. Sie können so Geschichten unseres Lebens erzählen und strahlen besondere Düfte und Stimmungen aus, die andere Schichten in uns ansprechen: Es sind Souvenirs unserer Reisen, Fundstücke aus dem Alltag und vielleicht auch Objekte, deren Geheimnis wir noch entdecken müssen. Die Sammlungsstücke werden aus dem Fluss des Lebens herausgegriffen, sie werden stillgestellt und heben sich von den Dingen in unserem Alltagsraum ab. Auch sie sind funktionslos und Gegenstand reiner Betrachtung geworden. Sie bilden kleine private Museen, die das Interieur zum individuellen Erinnerungsspeicher werden lassen.

RAUMREISEN

Zu dem Wohnraum als Speicher von Geschichten gehören auch Erinnerungen an andere Räume, die wir bereist haben und die in uns präsent bleiben und unser Leben und Ambiente prägen. Sei es eine Wiener-Kaffeehaus-Atmosphäre, eine schwüle Berliner Bar oder eine gleißend helle griechische Taverne – Rahmen können Assoziationen zu anderen Räumen hervorrufen und ihnen in unserem Wohnraum eine Form geben. Auch Räume, die mit anderen Wohnstilen oder Epochen verknüpft sind, können durch einen Rahmen spielerisch aufgegriffen werden. Ein repräsentativer Rahmen kann an die alten Villen des Großbürgertums denken lassen, ein verspielter an die Lässigkeit vergangener Bohème-Zeiten erinnern, ein schlichter weißer Holzrahmen vor unserem Auge ein skandinavisches Ferienhaus erstehen lassen. Auch der pompöse Louvre oder die Schlichtheit eines Mies-van-der-Rohe-Hauses werden durch die kleinen visuellen Versatzstücke in uns wach – all diese möglichen Räume ziehen durch die verschiedenartigen Rahmen an uns vorüber und können sich simultan an einem Ort zusammenfinden.

ZEITREISEN

Und letztlich sind es immer kleine und größere Zeitreisen, die in uns stattfinden und die von der Atmosphäre der Rahmen wachgerufen werden können: Von der klassischen Renaissance über das üppige Barock bis hin zur sachlichen Moderne oder verspielten Postmoderne – die ganze Kunstgeschichte kann sich vor unseren Augen auffächern. Mit ihr sind wiederum andere Städte und Länder verbunden, die auch Teil des kollektiven Bildschatzes in der Erinnerung sind. Eine nordisch-stürmische Stimmung kann durch den Rahmen in der Luft liegen, aber auch eine mediterrane Üppigkeit oder eine asiatische Stille. Wir reisen über die Bilder, Rahmen und Souvenirs durch unsere eigene Wohnungswelt. Die heutigen Wohnungen werden damit zu kleinen privaten Utopien, in denen Sehnsüchte nach vergangenen Erlebnissen Gestalt annehmen oder sich Träume von anderen Orten kristallisieren.

LEBENSRÄUME

Erträumte Orte, erlebte Zeiten – Wohnungen sind immer auch Reisen durch das eigene Leben. Denn verschiedene Lebenszeiten haben auch verschiedene Rahmungen. Wir tragen Vergangenheiten mit uns herum, ererbte Geschichten, die vielleicht durch einen anderen Rahmen aktualisiert werden können. Und manchmal muss man sich von ihnen lösen und völlig neue Rahmen und Kontexte erfinden. Denn die Orte und Zeiten, die von Rahmen verkörpert werden, sind mit individuellen Lebensphasen und Lebensaltern verknüpft: Ob Kinder- oder Jugendzimmer, Single-Wohnung oder das letzte Zuhause eines älteren Menschen – die Bilder und mit ihnen die Rahmungen werden immer andere sein. Die Veränderung des Raums und unserer Alltagsbühne wird dabei auch eine Transformation in uns selbst bewirken. Die schillerndsten Rahmungen jedoch gibt immer noch das Leben selbst vor – boesners Rahmen können nur ein Instrument dafür bieten, ihm im richtigen Moment den passenden Hintergrund zu geben.

RAUM GEWINNEN

Auf der einen Seite ein heller Schattenriss, gegenüber mehrere übereinander liegende in Weiß, Schwarz und Rot. Die Silhouette des Ichs scheint sich zu vervielfältigen, die Profile fangen an, miteinander zu kommunzieren. Es könnten noch viel mehr werden, sodass der Dialog der Schattenrisse vielstimmiger werden kann …
Denn der Objektrahmen „Caja" bietet den dazu benötigten Raum. In der Tiefe seines Profils finden sogar ganze Objekte Platz: gesammelte Steine, Fundstücke aus Holz, Muscheln verschiedenster Farben und Formen – persönliche Dinge, die wieder ihre eigenen Geschichten zu erzählen haben und aus dem Rahmen in den Raum des Alltags treten.

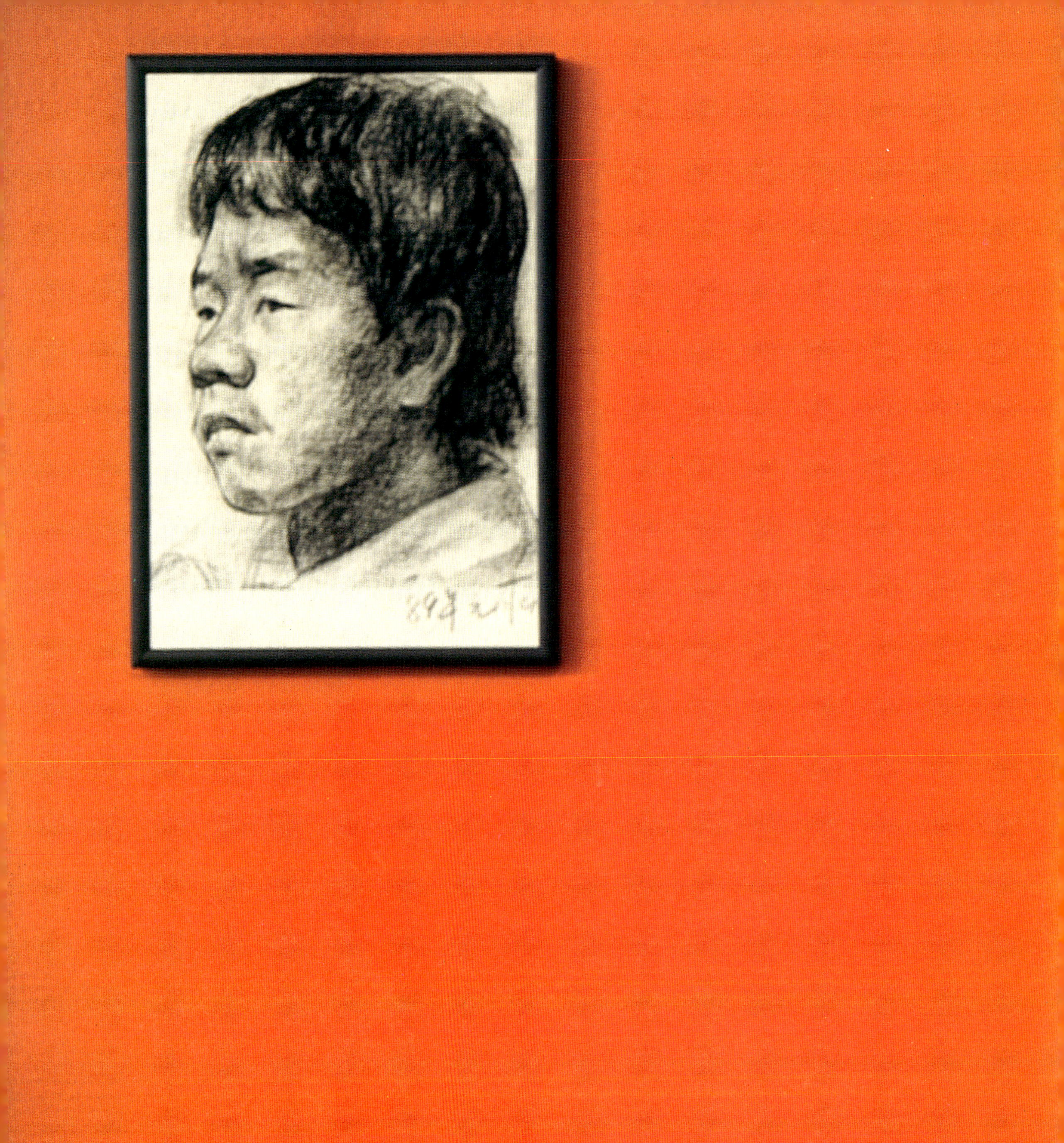

VISION IN ROT

Östliche Gelassenheit und vitale Sinnlichkeit – ein sattes Rot dringt über das Auge ins Innere und breitet sich aus. Das Bild wird zur Wand, die Wand zum Bild. Ein einfacher Holzblock als Rahmen, auf dem das leichte Lächeln des Bildes zu schweben scheint. Der Blick schweift zum Porträt des Jungen. Wohin er wohl schaut?

Rahmen: Pears (links), linea Acrylglas (rechts)

NOT
AT ALL!
RE

KÜCHENGESPRÄCHE DER RAHMEN

Ein kühler Glanz kombiniert mit heißem, braunem, starkem Espresso. Ein leichtes Wispern mit metallischem Klang erfüllt den Raum. Der weich wirkende, genoppte, silberne Rahmen „Futura" kommuniziert mit den Kaffeemaschinen. Sie flüstern und tratschen wie kleine Kaffeetanten: Habt ihr schon gehört, was die kleine Bodum-Kanne neulich gemacht hat? Nein – wirklich?

Rahmen: Leiste AJ 7020, koloriert (links); Caja, weiß (rechts)

Rahmen: Leiste AJ 7020, koloriert

WAS WIR SEHEN, BLICKT UNS AN

Blicke aus verschiedensten Zeiten, in diversen Materialien können sich in dem Objektrahmen „Caja" entfalten. Nicht nur plastische Dinge haben in der außergewöhnlichen Rahmentiefe Raum. Auch Bilder wie diese Blicke bekommen mehr Tiefe, wenn sie aus dem Raum zu uns herüberschauen. Sie scheinen uns zu beobachten, unseren Bewegungen im Alltag zu folgen – und sind plötzlich mit dabei. Die fernen Blicke rücken in die Nähe und werden zu einer Art Begleiter des Lebens. Auch die lebensgroße Gliederpuppe ist ein Blickfang, selbst wenn sie unsere Blicke nicht zurückgeben kann. Ihre körperliche Präsenz, ihre Beweglichkeit können ein Spiegelbild unserer Stimmungen werden.

Rahmen: Adamo

WARMES ORANGE, TUPFEN VON WEISS & LEUCHTENDES GELB

Das Orange in der Blütenmitte der Margerite begegnet uns wieder in der Farbe des Plakatgrundes. Das Weiß der kostbaren Spitze begegnet uns im Weiß der Margeritenblätter. Das Gelb auf der Eisenplatte rahmt eine Erzählung. Eine Erzählung in den Farben Orange, Weiß und Gelb.

Rahmen: Etienne (links), Casani-Holzkörper (oben links), bespannter Keilrahmen (rechts)

REVOLUTION IN ORANGE

Neue Ideen in Manifesten formuliert, Siegertypen in erstarrter Pose, gleichsam im Rahmen gefangen. Orange, Rot und Schwarz – Farben der Gefahr und des Verbotenen …

WISSENSCHAFT

EINSTEIN IN FRAGMENTEN

Ein melancholischer Blick in warmen Orangetönen – das Gesicht des Zeitrevolutionärs mal ganz anders inszeniert. Das bekannte Foto ist auf „Casani"-Holzkörpern kaschiert und plötzlich wird das Bild zum Raum. Ein präsenter plastischer Körper, der zugleich fragmentiert und entfremdet ist: Einstein im Spiegel der abgelaufenen Sanduhr. Während die Zeit weiterrinnt …

GLAS ALS RAHMEN

Ein quadratisches Fensterraster, das unterschiedliche Ausschnitte zeigt. Das Stück eines Hauses und eines Baumes wird durch das klare Fensterglas sichtbar. Darunter leicht geriffelte Scheiben, durch die der Blick plötzlich abstrakt wird – die Welt wird zu einer schemenhaften hellen und dunklen Zone. Das transparente, wie mit Aquarellfarben bemalte Glas daneben gesellt sich dazu. Es rahmt unseren Blick nach draußen, mischt neue Farben hinein, korrespondiert mit dem Grün der Pflanze. Das scheinbar frei schwebende Gelb, Grün und Orange auf dem Acrylglas „linea" ist dadurch Bild und Rahmen zugleich. Verschiedene Gläser laden ein zu vielfältigen Blicken.

DIE FARBEN DER POESIE

Eine Farbstudie auf Büttenpapier, durchbrochen von senkrecht verlaufenden Spuren: von Schwarz zu Blau, von Grün zu Gelb bis hin zu Orange – gerahmt vom „Leon“ in einer Doppelverglasung. Das Blatt scheint im Rahmen förmlich zu schweben.
Im linken unteren Bildbereich ein Podest aus „Inea“ Acrylglas gefertigt.

MELODIE DES MONOCHROMEN

Warmes Orange, kühles Taubengrau, zartes Lindgrün – der Rhythmus der Farben verändert die Stimmung und strahlt in den Raum. Ganze Musikstücke aus Farbkompositionen entstehen auf diese Weise. Immer wieder lassen sich diese Töne verändern; immer wieder wirken die Farbwerte anders.
Ein melancholisches Lila? Ein Sienabraun in Dur? Als Serie können sie je nach Bedarf anders gehängt, neu installiert und komponiert werden. Am besten lassen sich diese individuellen Farbexperimente mit dem preiswerten Rahmen „Lars" realisieren.
Mit Leichtigkeit kann man eine Serie entwickeln und nach Lust und Laune seine Farbstudien betreiben. Die Farbe ist dabei die Melodie, der Rahmen gibt den Takt vor.

NOTIZ NEHMEN

Stimmungen, Eindrücke, die Melodie, der Takt: am besten sofort notiert in das Skizzenheft „ars nova", das in Schwarz, Blau und Rot in jeweils drei Formaten erhältlich ist.

GEDANKEN IN CREMEWEISS

Der Blick des Mädchens schweift in die Richtung des Lichts. Gerade noch erreicht ein Sonnenstrahl ihr Bein, das sich im gelben Grund verliert. Körperlich spürbar und doch nur angedeutet ist ihre fast lebensgroße Gestalt im hochformatigen Rahmen „Tarragona". Die weiße Vertäfelung, ein Stückchen Grün – schauen wir in ein skandinavisches Ferienhaus?

Ein dicker Skizzen-/Zeichenblock, „Le Grand Bloc", liegt bereit, ordentlich im boesner-Universalständer aufgereiht Zeichenstifte und -federn – und im halbdunklen Hintergrund machen wie Zinnfiguren angeordnete Papierrollen Lust auf kreatives Arbeiten.

NORDISCHE STIMMUNG

Stimmung, festgehalten im „Quadro"-Rahmen. Die Schuhe aus – und dann setzt man sich auf einen der Stühle, die etwas zu klein scheinen. Verbrennt sich die Finger an der heißen Blechkanne. Und trinkt einen starken Tee nach ostfriesischer Art mit Kluntjes und Sahne: unten schwarz und süß, in der Mitte nur schwarz und oben schwarz mit kleinen Sahnewölkchen …

DIE STAFFELEI

Ein verstellbares Holzgestell zum Aufstellen eines in Arbeit befindlichen Gemäldes. Nein, die Dienste, die die Staffelei versieht, verdienen mehr Lob. Die Staffelei: der bescheidene Diener, dessen unverzichtbare Hilfestellung zur selbstverständlichen, unbemerkten Gewohnheit geworden ist.

SKULPTURENSTÄNDER

„Achtung" scheint der in die Höhe gerichtete Finger der Gipshand dem Betrachter zu bedeuten. „Achtung" – hier präsentiert sich ein Produkt, das durch seine natürliche Oberfläche glänzt: sowohl im Ausstellungsbereich wie auch im privaten Umfeld eine überaus reizvolle Erscheinung.

SCHWERELOSIGKEIT IM QUADRAT

Eine Atmosphäre der Leichtigkeit und Stille liegt im Raum. Die lichtgraue Wand, darauf die mit „Xenos Art" gerahmten Gouachen und Collagen. Sie nehmen Kontakt miteinander auf, variieren mit ihren Farbflächen das Geometrische des Rahmens und die dezente Lichtgestaltung. Rahmen und Bild berühren sich nicht. Ein Raum entsteht zwischen ihnen – ein Schwebezustand, der für einen kurzen Moment die Zeit anhält.

LINIENSPIEL

Rot mit Sonne: lineares Schattenspiel auf Wand, Tisch, Bild und Papierskulptur. Der Rahmen „Quadro“, hier weiß koloriert – wie schwebend im sonnendurchfluteten Raum. Halt allein gibt der Tisch.

POESIE AUFGEFÄDELT

Eine Reise in das Reich der Mitte. Reisschälchen auf dem fragilen Bambustisch. Chinesische Schriftzeichen fädeln Poesie auf, die von Landschaften, Flüssen und Bergen berichtet – begleitet von Regentropfen-Tränen in der Maserung des Rahmenprofils. Erzählen sie von einer verlorenen Liebe?

Rahmen: Rosso

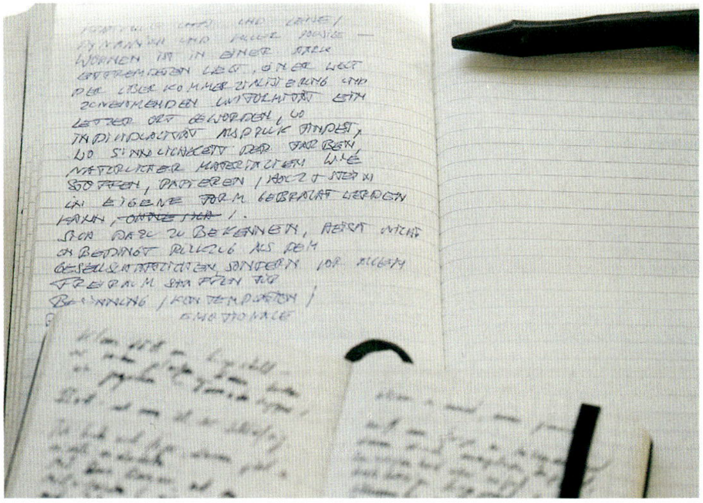

PRIVATE MOMENTE

Zum Sammeln und Aufbewahren, zum stilvollen Archivieren und Präsentieren im privaten Ambiente und zum Skizzieren und Niederschreiben von Augenblicken, wertvollen Erinnerungen – dafür bietet boesner an:
die boesner-Sammelmappen Standard und Deluxe, die Black Boxes, den boesner-Präsentationsständer, das teneo-Skizzenbuch, das Monet-Leporello-Skizzenbuch und Rollen Chinapapier.

影星胡蝶香皂

DAS MÄDCHEN MIT DEM PERLENOHRRING

Die Feuchtigkeit Asiens liegt in der Luft. Ein Sonnenstrahl fällt herein. Winzige Regentropfen dringen in die Stille dieses Raumes und scheinen das perlenbestickte Kleid der jungen Frau zu bestäuben. Sie lächelt uns an und zeigt dabei ein kleines Grübchen. Ihr Perlenohrring schaukelt ein wenig; es ist die einzige Bewegung im Zimmer. Eingefasst von dem schmalen, zurückhaltenden „Pears Gallery"-Rahmen in Silber matt. Das leicht zum Bild hin abgeschrägte Profil bringt jedes Bild noch einmal mehr zur Geltung. Das Monet-Leporello-Skizzenbuch lässt an die Chinamode im 19. Jahrhundert denken. Dazu ein paar Rollen Chinapapier – auch heute kann man noch ein wenig chinesische Träumereien nach Europa bringen.

DER BLICK DER KINDFRAU

Der Blick der jungen Frau – gleichermaßen erwachsen wie kindlich. Der Vorhang macht die Bühne frei für die Frau im Kind. Sinnlichkeit, Verführung – gespiegelt von der überbordenden Ornamentik des Rahmens „Louvre" und des anmutig geschwungenen Beistelltisches.

DIE PINNWAND ALS SKIZZENBLOCK

Schöner als eine Pinnwand, aber genauso praktisch. Farbproben und Fundstücke, Bierdeckel und Buchlesezeichen – alle Einfälle können auf dieser Eisenplatte „ferrum" festgehalten, schnell verändert und neu kombiniert werden. Ein Skizzenblock der Objekte. Kleine Farbstudien in Grün, verschiedene Typografien in Tinte: Die Eisenplatte fängt an zu sprechen …

Der „ferrum S“ – hier mit einem scheinbar „schwebenden“ Objekt, festgehalten durch Perlonschnüre.

ZWISCHEN ERDE UND ÄTHER – KUNST DER KONTRASTE

Ein fruchtbarer Dialog zweier verschiedener Materialwelten. Der rostfarbene Rahmen „ferrum S", erdig und massiv, ist ein schmales Eisenband, das dennoch seine Schwere fühlen lässt. Darin schwebend eine wolkig leichte Atmosphäre, ein lichtes Farbspiel in zarten Grün- und Orangetönen. Die Bewegung im Bild scheint zu tänzeln, drängt nach außen, will die Leinwandgrenzen sprengen. Und breitet sich dann in dem Zwischenraum aus. Denn die Aufhängung an transparenten Schnüren schafft einen Abstand, einen Raum, der die Kontraste hervorhebt und in Balance hält. Ein Pas de deux von Schwere und Transparenz.

RENDEZ-VOUS DE L'HARMONIE

Holzrahmen und Holzwand harmonieren in einer perfekten Partnerschaft. Der Rahmen verliert im Zusammenspiel mit der Wand beinahe seine Konturen – und doch: Er gibt dem Bild Halt. Hier zeigt sich auch die besondere Eignung des „Quadro"-Rahmens für die serielle Präsentation.

EINEN AUGENBLICK …

Der kühle Blick einer Chinesin fesselt den Betrachter. Rechts ein sonnenbestrahlter Platz, von Pagoden gerahmt. Wird gleich ein heißer Tee im zartgrünen Service gereicht? Oder wird dem hungrigen Gast Reis serviert? Wirklichkeit und Utopie vermischen sich.

Rahmen: Lyon (links), Vivo (mittig), Rialto (oben rechts), Casa (unten rechts)

Je viendrais
lundi à la
avec la
Monsieur

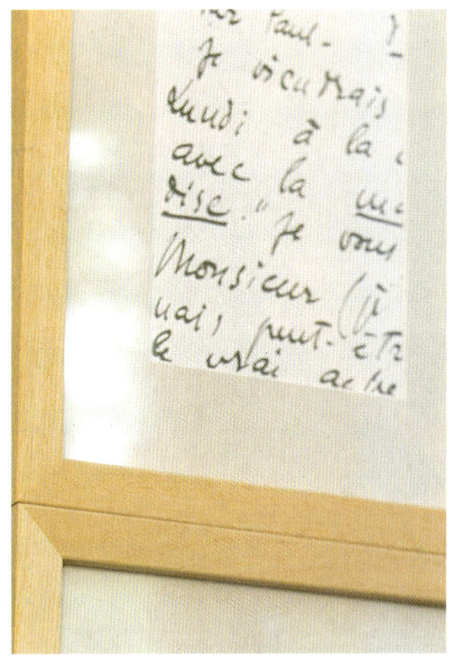

EIN ITALIENER IN PARIS

Wohin schaut sie bloß aus ihren schwarzen Augenhöhlen – die langhalsige Geliebte von Amedeo Modigliani, die uns irgendwie so vertraut ist? Ihr Blick geht nach innen, und doch werden wir von ihm getroffen. Angezogen auch von der Unmittelbarkeit des Bildes, das ungerahmt ist. Ein Brief des Malers an einen befreundeten Kunsthändler und sein fotografisches Porträt im Profil sind jedoch sichtbar gerahmt. Modigliani blickt zur Seite, sein Gesicht liegt im Schatten. Hier nimmt der schlichte „Quadro"-Rahmen eine seiner ursprünglichsten Funktionen wahr: Abstand herstellen, reflektieren, herausheben und an dieser Stelle einen Kontrast zwischen Schrift und Bild, Fotografie und Gemälde erzeugen.

Pünktchen
und
Anton
von ERICH KÄSTNER
Trier

URLAUB IM KINDERZIMMER

Hereinspaziert in die leuchtend gelbe Kinderwelt! Pünktchen und Anton sind schon draußen, der Hund rennt hinterher und kläfft freudig. Die Sonne spielt mit den hellen „Uno"-Holzrahmen und tanzt vor den blauen Badesandalen. Die See liegt in der Luft; das große Bild öffnet sich. Wir gehen hinein, schlagen das Buch auf und machen ein bisschen Urlaub in der Welt der harmlosen Gauner, der kurzen Knabenhosen und der schief sitzenden Mützen. Die schwedisch blauen Dielen knarren ein wenig, der weiße Vorhang kräuselt sich im sommerlichen Luftzug. Kurz eintauchen – im Hintergrund das lang gezogene Rufen der Möwen.

Pizzaservice: 444814
Alexandra (uni) 0211/547-0
(priv.) 0211/32448
e-mail: ?
Dr. Sabah: 81-4871-2

DER HINGUCKER

Die Schattenfugenleiste „LI 1458" überraschend anders in Szene gesetzt. Auf die entsprechend abgemessene Holzplatte wird selbstklebende schwarze Tafelfolie aufgebracht. Eine formschöne Erinnerungshilfe mit hohem Hingucker-Effekt.

L'ILLUSTRATION
Si vous aimez l'air et le soleil...
Vous pourrez admirer le spectacle des beautés naturelles si vous faites vos randonnées à bord d'un cabriolet ou d'un coach décapotable. En cas de mauvais temps, ces modèles se transforment en quelques instants en confortables voitures fermées.
...choisissez une décapotable
Cabriolets 2 3 places - coaches décapotables 5 places sur Celtaquatre et Primaquatre - cabriolets 3 places et spider - coaches décapotables 6 places sur Viva Grand Sport et Nerva Grand Sport.
RENAULT
L'ILLUSTRATION
_ET VOS PASSAGERS ...
...des places "arrière"?...
Peugeot

Rahmen: Uno

WENN SIE LUFT & SONNE LIEBEN …

… dann brechen wir jetzt auf, kurbeln das Deck herunter und lassen unsere Haare im Fahrtwind flattern. Ein Duft von Benzin liegt im Raum und vermischt sich mit dem des hellen Holzes. Wir tanken ein bisschen Nostalgie und Lust auf ein Cabriolet.

MELANCHOLIE …

Die im Weiß gebrochene Kolorierung der Leiste nimmt die Melancholie der einsam sitzenden Frau auf. Wohin geht ihr nachdenklicher Blick. Sinnt sie über Vergangenes nach – bei einem guten Glas Rotwein? Das besonders breite Profil des „Casa" umschmeichelt die großformatige Arbeit.

DAS ZEITALTER DES STAUNENS

Die Wunderkammern der Spätrenaissance und des Barock. Sie spiegeln die Faszination für Raritäten und Kuriositäten. Naturalien werden nicht von Artefakten, Kunst nicht von Handwerk getrennt – wie heute üblich in unseren spezialisierten modernen Museen. Exotische Pflanzen und Tiere, seltene Gewürze und Ingredienzien für Arzneien, obskure Gegenstände, Porzellan und Bildwerke – alles vereint in einer Sammlung. Der ideale „Rahmen" für den „Foscari", dessen goldfarbene Innen- und Außenprofilierungen von einem roten Farbstreifen durchzogen werden.

Rahmen: Foscari (oben), Uno Vario (unten)

ARCHAISCHE KUNST DER WAND

Die lehmfarbene Wand einer „Höhle" mit Spuren an den Wänden. Geheimnisvolle Kerben, die alte Geschichten raunen. Kann man sie hören? Ihre Zeichensprache verstehen? Auf dem schwarzen Brett eine alterslose hölzerne Schüssel, grob behauen und aus massiver Materie. Der Raum ist nicht hier und doch ist er überall. Eine Wand, die schon immer da war, halb Kunst, halb Natur. Eine Schüssel, die immer schon als Gefäß diente. Und die leeren Rahmen, das Blau hervorstechend und sich einfügend zugleich. Die Leere des Bildes – die Fülle der inneren Imagination.

Rahmen: RA 2428 (links), Julien (rechts)

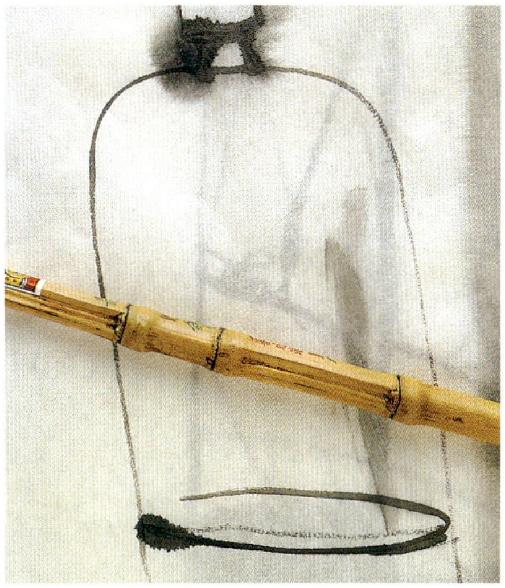

DIE KUNST DER KONZENTRATION

Ein Moment der intensiven Stille, der lautlosen Bewegung. Nur der gleichmäßig fließende Atem ist zu hören. Der Blick ist geradeaus gerichtet, auf ein unbekanntes Ziel. Der erhobene Arm ist bereit, die Energie des Gegners aufzunehmen, umzuwandeln, für sich zu nutzen. Der hellblaue Schatten des Hemdes spielt mit dem Hintergrund der Wand zusammen. Harmonie von Körper und Fläche.

RAUM-STIMMUNGEN

Wie ein schmaler Schlitz öffnet sich die verwaiste Gasse in Schwarz-Weiß. Menschenleer. Eine winterliche Atmosphäre liegt in der Luft. Die Fotografie, auf einen „Casani"-Holzkörper kaschiert, wirkt wie ein Fenster zu einer anderen Welt.

Auf dem länglichen „Casani"-Holzkörper eine abstrakte Farblandschaft in Öl, ähnlich melancholisch, doch mit einem glühenden „Landstrich" Rot.

IM ATELIER DES KÜNSTLERS

Ein Blick in eine ganz private Welt der Ästhetik und Kreativität. Wo und in welchem Umfeld entsteht die Kunst? Ein Blick auf die Utensilien des Künstlers; ein Blick in die Räume, in denen die Kunst zu Hause ist …

HERBSTIMPRESSION

Stark strukturiertes Aquarellpapier, kombiniert mit feinem Papier, im Wechsel über- und nebeneinander gelegt, mit herbstlichen Farbtönen bemalt, zu einer Collage zusammengefügt. Assoziationen an einen herbstlichen Blätterwald geweckt – Füße wirbeln raschelndes Blätterwerk auf. Dauerhaft im „Uno Vario" aufbewahrt.

Rahmen: Fleur

HOMMAGE AN CÉZANNE?

Kugelige Früchte, eckige Tischdecken, saftige Farben. Ein Bild von Paul Cézanne lugt hinter dem Rahmen hervor, in dem sich die runden Formen der Äpfel widerspiegeln. Die konzentrischen Kreise, dynamisch und kraftvoll, erinnern an Van Goghs gemalte Energiewellen. Ihre Bewegungen verbinden sich mit der rasch hingeworfenen Skizze von Teller und Früchten, werfen weitere Kreise auf das vergilbte Papier hin zu einem Text über Cézanne: Fragmente eines Künstlerlebens in Bild und Wort. Doppelung des Stilllebens als Hommage an den französischen Maler: Die schlichte Wasserkanne, die Schalen lassen ein anderes Rund entstehen, das sich mit der Montage berührt. Die Welt als Kubus und Kugel.

DIE PERFEKTE WELLE ...

Der „Wave" in Schwarz rahmt eine Geschichte, die scheinbar in großer Eile in chinesischen Schriftzeichen erzählt wurde. Die Pinsel, gerade eben erst gereinigt, liegen zum Trocknen auf der Pinselablage aus Holz.

2003.1.17

INTIME SAMMLUNGEN

Das Holz ist gemasert und gefleckt, ein bisschen abgestoßen und mitgenommen – Spuren von Gebrauch und Abnutzung im Laufe langer Jahre. Durch wie viele Hände es wohl gegangen ist? Alltagsstücke, Fundstücke, Sammelstücke … manchmal kommen die Dinge einfach zu uns. Bringen alte Geschichten mit und formen sich zu einer kleinen privaten Sammlung, für die der „Caja" eine ausgezeichnete Rahmung bietet.

SOMMERFRISCHE

Der „Uno" rahmt die Erlebnisse der Sommerfrische um die Wende zum 20. Jahrhundert. Ob am Strand der Nordsee, am Lido in Venedig oder im amerikanischen Nobelbadeort Martha's Vineyard – als die Filme noch schwarz-weiß waren, wurde hier der Schauspieler James Cagney aus einer Kneipe getragen. Alles ist möglich. Die Phantasie geht auf Reisen. Die gerahmte Schönheit lächelt glücklich auf die im altmodischen Badeanzug gewandete Holzfigur. Gleich geht sie noch einmal schwimmen …

Rahmen: Schattenfuge 1045 (oben), Marco (unten)

Rahmen: Tarragona (oben), RA 2428 (unten links), Schattenfuge 0540 (unten rechts)

Rahmen: Lyon, koloriert

KINDERLEICHTER TANZ DER MUSEN

Das weiche Kuscheltier – mit einem verdutzten Blick auf dem Kinderstuhl liegen gelassen. Vielleicht schaut es zu dem Kind mit den wehenden Haaren auf der alten Fotografie. Träumt es von einer anderen Kindheit? Dem Kind, das nun längst erwachsen ist? Daneben andere Puppen, die sich an den Händen fassen. Ist die Katz' aus dem Haus, tanzen die Gliederpuppen – die sich damit dem Vergnügen hingeben, und nicht ihrer eigentlichen Aufgabe, für Bewegungsstudien zur Verfügung zu stehen …

Rahmen: Lyon, koloriert

DEN RAHMEN SPRENGEN

Der Raum selbst wird zum Bild

Wie die Blicke dieser Frau können Rahmen sein. Zurückhaltend und nach innen gerichtet, ein wenig lockend und verführerisch, markant oder auch weich, laut oder leise. Das Quadrat des Rahmens ist ein Fenster zu anderen Welten. Es kann eine kaum wahrnehmbare Linie auf der Wand sein oder in den Vordergrund rücken: Der Rahmen kann Teil eines Gesamtkunstwerks werden oder sich zurücknehmen. Immer aber verändert er die Atmosphäre des Gerahmten und den Raum, der ihn umgibt. Der Raum wird selbst zum Bild. Man kann ins Bild tauchen und den Rahmen benutzen, um ihn zu sprengen: aus dem Rahmen in die Welt. Rahmen können Geschichten erzählen, ein Ambiente beschwören, Düfte assoziieren, in erträumte Zeiten und Orte führen – Wohnen ist Erinnern, Wohnen ist Reisen …

FÜR DEN UNIVERSELLEN EINSATZ

Edel im Profil, zurückhaltend in der Form – der „Uno", der ideale Glaswechselrahmen für den universellen Einsatz. Die Sichtkantentiefe von 7 mm bewirkt zusätzlich, dass das Bild optisch tiefer im Rahmen liegt.

Bahmer, Vivo

DOPPELSPIELE MIT KAFFEE

Zwei Frauen schauen aus dem Bild heraus, an uns vorbei. Blicken sie über die Malerin hinweg zu einem Fenster? Der zierliche Caféstuhl in Grün ist schon im Bild, darauf die Kaffeeschale und ein kleines Kännchen. Dimensionenwechsel, der den Stuhl überdauern wird. Auch die Dinge können Doppelgänger haben, die sie verfolgen, sie necken und an der Nase herumführen. Die Frau in zarten Brauntönen verschwimmt fast mit dem Hintergrund. Schemenhaft nur taucht das zweite weibliche Gesicht hinter ihr auf. Ein Gefühl? Ein Tagtraum? Eine Idee? Wir nehmen einen Schluck Kaffee, verrücken den Stuhl ein wenig und warten, was nun passiert.

DER „UNO" IN SERIE

Eine Galerie von Farbimpressionen, passepartouriert im Glaswechselrahmen „Uno" gezeigt. Der warme Holzton harmoniert aufs Beste mit den zarten Farbtönen der Arbeiten – eingefasst vom hellen Wandhintergrund.

Rahmen: Schattenfuge 0545 (oben), Casani (unten)

PARISER SZENEN

Die Sonne zeichnet ein schräges Fenster auf die Wand, lässt ein tiefes Gelb entstehen. Sie wandert weiter zu den Lichtklecksen in der Pariser Szenerie – und trifft auf ihre Doppelgängerin, eine weitere Sonne im Bild, die ein ähnliches Gelb gemalt hat. Zwischen ihnen der üppige, geschwungene „Louvre"-Rahmen, der die beiden voneinander trennt.

Rahmen: Xenos (oben), Casani-Holzkörper (unten)

MAUS-PARADE MIT MILCHGLAS

Hier sind sie alle versammelt: Snoopy, Mickey Mouse und die Playmobil-Männchen stehen stramm im „Xenos"-Objektrahmen, der auch als moderner Setzkasten funktioniert. Jeder bekommt auf diese Weise seine eigene kleine Bühne. Und hier kommt die Mickey Mouse! Gleich springt sie vom weißen Streifen herunter zur Milch, trinkt sie glucksend aus und bekommt einen kleinen Milchbart.

1. Ferientag:
2. Juli!

ENDLICH! FERIEN! AM 2. JULI!

Eine Tafel – schnell und preiswert fürs Kinderzimmer gezaubert.
Das Rezept: Man nehme grüne Tafelfolie, eine Holzplatte, einen „Quadro"-Holzrahmen und einen Naturschwamm; man beziehe die Holzplatte mit der grünen Tafelfolie; man rahme die so vorbereitete Platte mit einem schwarz kolorierten „Quadro"-Holzrahmen; man wische mit dem griffbereit hängenden Naturschwamm. Fertig ist das Kinderzimmermöbel!
Das Rezeptbuch: ein blaues „ars nova" Skizzenheft.

BLANCHE

Lässig, beinahe herausfordernd richtet die junge Frau ihren Blick auf den Betrachter – mit hochgezogenen Augenbrauen scheint sie zu sagen: „Keep cool, Baby". Lässig auch das Raumarrangement. Locker lehnt das Bild am weiß kolorierten Fensterrahmen, der, genau wie die Fenster, Spuren von nicht genau genommener Pflege zeigt. Der Fenstersims ist mit feinen Schmutzpartikeln bedeckt, und ein Dreizackstift liegt wie verloren vor dem „Blanche"-Rahmen.

Rahmen: Pears Basic (innen), Louvre (außen)

IM BOIS DE BOULOGNE

Ein Modell aus den 1950er Jahren in Paris? Behütet von einem riesigen, pilzförmigen Gebilde von Hut. Etwas blasiert schaut die Schöne auf ein imaginäres Geschehen, das sich außerhalb des Fotos abspielt. Schon wieder so viele neugierige Spaziergänger, scheint sie zu denken. Gerahmt von unserem Alleskönner, dem „Louvre".

Rahmen: Orania

INSTALLATION MIT RAHMEN

Eingespannt in ein Netz vertikaler Linien begegnen wir einer Stummfilmschönheit im Käfig. Die ornamentalen Schwünge der Rahmung nehmen die Verzierungen des Käfigs auf. Seine Tür steht offen, sie schaut heraus, lächelt. Spaziert auf die Straße, und immer wenn sie zu sprechen beginnt, erscheinen weiße Texte auf schwarzem Grund unter ihren Füßen. Und leise spielt ein Klavier.

EDLER GLANZ

Der Knabe kniet, blickt uns frontal entgegen – oder schließt er die Augen? Der schimmernde Echtsilberrahmen „Althea", rund und eckig zugleich, spiegelt die matte Hautfarbe des Kindes. Kühles Material auf Nachtblau. Ein Reflex Wärme streift das Metall, das Licht scheint vom Gold auszugehen, beleuchtet Tisch und Kännchen und wandert langsam zu der kleinen Tafelrunde.

COLLAGE UND TROMPE-L'ŒIL?

Der „Casani"-Holzkörper dient als Arbeitsgrund für eine Collage. Der „Schattenfugen"-Rahmen 1045 begrenzt eine Arbeit, die auf den ersten Blick ebenfalls eine Collage zu sein scheint. Die Trinkbecher im „Blanche"-Rahmen mit breiter Leiste sind so gemalt, dass sie beinahe wie echt erscheinen. Gerne würde man aus ihnen trinken. Die Wand als Rahmen für Augentäuschungen?

Urlaubsstimmung in Blau. Ein Holzpassepartout, das eine Strandstudie rahmt.

GUT KOMBINIERT

Die zarte Verästelung der Zweige spiegelt sich im Bildmotiv des weißen, von schwarzen Äderchen durchzogenen Rahmens „Wave". Effektvoll begleitet vom schwarzen „Pears Basic" auf roter Wand.

MOSSANT

DOPPLUNG

Eckig und zum Bild hin abgeschrägt – das Profil des „Julien" gibt dem Bildausschnitt Tiefe. Doppelt sich hier alles? Perspektive und Gegenstände? Ein Arrangement, das sich dem Betrachter erst durch genaue Beobachtung erschließt …

Tabacco

DAS SÜSSE LEBEN ...

Für unterschiedliche Bilder unterschiedliche Rahmungen. Unscharf, verwischt, verschattet – auf einem Schwarz-Weiß-Foto das Meer, Boote, Häuserzeilen. Italien – la dolce Vita. Gerahmt in der goldfarbenen Leiste „Octavio".

Die perfekte Farbharmonie von Bild und „Alvaro"-Rahmen. Im oberen Bildbereich beginnt ein Dialog von goldockerfarbenen Akzenten mit der schmalen Goldockerlinie des Rahmens. Im unteren Bildbereich ein Farbtreffen von Bild und Rahmen. Und im Messingbecher vereinen sich alle Farben.

Rahmen: Potsdam, nussbaum/gold u. gold (oben); Ventura (mittig); Orania (unten)

VERGÄNGLICHKEIT IN GOLD

Eine kleine Porträtsammlung, kombiniert mit einem intimen Stillleben. Das Bildnis des jungen Mannes liegt im Schatten. Die junge Frau daneben, mit traditionellem Kopfputz, schaut aufmerksam aus dem Bild heraus zur linken Seite. Darunter das Profil der alten Dame in holländischer Tracht, eingefasst in einen goldenen Rahmen, den „Ventura", der mit seinen leichten Patina-Effekten das Spiel der Kontraste verstärkt. Er erinnert an das goldene Jahrhundert niederländischer Üppigkeit: Fast meint man die Farbenpracht der Tulpen leuchten zu sehen und die exotischen Zitronen auf dem Tisch zu riechen, die sich nur die neue reiche Bürgerschicht leisten konnte. Der „saure Apfel Adams", wie die Zitrusfrucht im Barock hieß, ist zugleich auch eine Mahnung. Überfluss ist vergänglich und kann zu Vermessenheit führen: König Midas konnte seinen goldenen Apfel nicht essen …

RAHMENWECHSEL – BALLWECHSEL

Alte Sportschönheiten am Strand, am Tennisnetz, in geselliger Atmosphäre. Türkis koloriert und im leicht patinierten, goldfarbenen Rahmen „Octavio", rücken die Fotografien weiter weg in eine ferne Zeit. Das Metall der historischen Kanne reflektiert das warme Gold des Rahmens.

ATTO PRIMO
SCENA PRIMA
Sala nel palazzo del Re a Menfi
A destra e a sinistra una colonnata con statue e arbusti in fiore. — Grande porta nel fondo, da cui appariscono i tempili, i palazzi di Menfi e le Piramidi.
Radamès — Ramfis.
Ram. Sì: corre voce che l'Etiope ardisca
Sfidarci ancora, e del Nilo la valle
E Tebe minacciar. - Fra breve un messo
Recherà il ver.
Rad. La sacra Iside consultasti?
Ram. Ella ha nomato
Delle Egizie falangi
Il condottier supremo.
Rad. Oh lui felice!
Ram. (con intenzione, fissando Radamès)
Giovane e prode è desso. - Ora del Nume
Reco i decreti al Re. (esce)
Rad. (solo) Se quel guerriero
Io fossi! se il mio sogno
Si avverasse!... Un esercito di prodi
Da me guidato... e la vittoria - e il plauso
Di Menfi tutta! - E a te, mia dolce Aida,
Tornar di lauri cinto...
Dirti: per te ho pugnato e per te ho vinto!
Celeste Aida, forma divina,
Mistico serto di luce e fior:
Del mio pensiero tu sei regina,
Tu di mia vita sei lo splendor.
Il tuo bel cielo vorrei ridarti,
Le dolci brezze del patrio suol;
Un regal serto sul chin posarti,
Ergerti un trono vicino al sol.

SYMPHONIE VON RAHMEN, WAND UND COLLAGE

Die gesamte Wand wird hier zur Collage. Jedes Element steht gleichberechtigt neben dem anderen, und auch der Rahmen wird zu einem Teil der Collage. Der „Valmont“ aus echtem Wurzelholz hat organische Strukturen. Sie verbinden sich mit den marmorierten Strukturen des Hintergrundes, mit der Ornamentik der verspielten Blumen- und Vogeltapete. Das Porträt eines Komponisten, Text, Noten, Struktur und Ornament: der Rahmen als Teil einer Gesamtcollage des Raumes.

Rahmen: Alvarez (oben links), Appiani (oben mittig), Adamo (oben rechts), Murano (unten links), Octavio (unten mittig)

PRE-RAPHAELITE BROTHERHOOD

Ein wundersamer Ort, an dem sich wundersame Gestalten und Gegenstände versammeln: Weibliche Figuren mit mystisch-sinnlicher Note, ein Holzmöbel, das von William Morris stammen könnte und … – ist die Tapete etwa ein Entwurf von Edward Burne-Jones? Auf der Klaviatur der „Pre-Raphaelite Brotherhood" meisterhaft gespielt!

EINGEHEGT IM „MURANO"

„Murano" – eine Leiste mit dezent elfenbeinfarbenen Strukturelementen, die Erinnerungen an veneziani-sche Impressionen wecken. Passt sich perfekt ein in jede Bildergalerie mit klassischen Motiven.

CLIO & ORANIA

Der Fotowechselrahmen „Clio" im zeitlos zurückhaltenden gold- und silberfarbenen Profil. Der Fotowechselrahmen „Orania" mit fein gezeichneter Ornamentik. Scheinbar sehr gegensätzlich gewählte Akzente – und doch entsteht perfekte Harmonie. Die ideale Präsentationsform für Fotos von Familie und Freunden.

ECHTSILBER

„Delos“ und „Althea“ – kostbare Atelierrahmen mit Echtsilber, von Hand gearbeitet. Die idealen Rahmen für Porträts von mondänen Stars aus der Zeit des Stummfilms oder für Motive klassischer Bildthemen.

SEUL AGENT POUR
Römhildt

FORMAT PERFEKT?

An der grünen Wand lehnen die Rahmen „Vienna“ und „Althea“. Jeder für sich eine Augenweide. Passt das Schild „Römhildt Weimar“ in das Format des rechten Rahmens? Die Holzfigur im Bildvordergrund scheint skeptisch das weitere Geschehen zu beobachten.

Rahmen: Valmont

ALS MAN NOCH TOILETTE MACHTE …

Ein kühles, tiefes Braun, das ins Violett spielt. Der Duft: Amber, gemischt mit ein wenig Sandelholz. Reine Ingredienzien in der Glasflasche. Das dunkle Holz der Truhe spiegelt sich in den Rahmen aus Wurzelholz. Eine Dame wohnt hier, die noch Hüte trägt, eine Frisierkommode benutzt – ein bisschen Colette. Ihre Perlenkette auf der Schneiderpuppe en miniature. Und das Porzellanhündchen hält Wache.

HUILE
ACEITE
OLIO

Kunst des Raums, Kunst des Rahmens

Der Rahmen ist Skulptur, ein Körper im Raum, der mit den anderen Dingen in Beziehung tritt. Mit Rahmen umgehen heißt Raum gestalten. Heute ist alles möglich, aber nicht „anything goes“. Auf den Kontext kommt es an, auf die Umgebung, die Kombination – und Kontextualisierung ist Rahmung. Den richtigen Rahmen finden heißt auch: den Zusammenhang finden, Verbindungen ziehen, Übergänge schaffen. Rahmen sind nicht nur Abgrenzungen, sondern schaffen auch Verbindungen. Kommunikationen im Raum, Dialoge mit Wänden, Stühlen, horizontalen Linien und Stoffen, Farben, Materialien.

ZURÜCK IM ATELIER

Wieder im Atelier des Künstlers: Zum Aufspannen bereitgelegte Leinwand lehnt an der boesner-Akademiestaffelei 125. Naturschwämme liegen anbei – dichte Farbschattierungen, verschwommene Konturen entstehen.

VIELSEITIG

Apothekergläser – mit Pigmenten gefüllt – im weiß grundierten „Casani"-Holzkörper. Ein Fingerzeig? Was man alles mit „Casani"-Holzkörpern machen kann? Als Rahmen gedacht? Funktioniert doch!

OBJEKT-PRÄSENTATION

Eckig im Profil – zurückhaltend in der Form. Das breite Profil des „Caja" erlaubt die Realisierung von Objekt-Präsentationen bis zu einer Größe von 70 x 100 cm.

MAGIE

Südseezauber. Eine hawaiianische Schönheit tanzt wie berauscht, selbstvergessen, in ausgelassener Stimmung. In der Bewegung aber gleichsam wie erstarrt; begrenzt durch den Rahmen „Alvaro“.

KLASSISCH LINEAR

Hellgraue Augen mit nachtblauem Blick. Androgyn. Der rasche kantige Strich der Zeichnung trifft auf die goldfarbene Rahmenleiste. Geht in das tiefe Schwarz über, in das eingekerbte Holz, das Spuren wie von Vogelschnäbeln trägt. Der blaue Schimmer über den Augen tönt den Rahmen „Olanda“ plötzlich bläulich. Der Duft der rosa Blüten färbt das Papier.

BAROCKE KUNST DER TÄUSCHUNG

Ein Meer an Reflexen und Farben, die aus der Dunkelheit um die Wette glitzern. Smaragdgrün, violett, petrol – die Dinge scheinen aus dem Rahmen „Cyril" herauszutreten. Die alten Flaschen aus buntem Glas, die fliederfarbenen Blüten – was ist Bild, was ist Raum, was Modell, was Leinwand? Fast ununterscheidbar. Ein Stück niederländisches Stillleben zu Hause mit frisch gesammelten Blumen von der Wiese. Oder vielleicht verschwinden sie auch gleich im Bild und gesellen sich zu dem leicht dämmerigen Licht, das dort herrscht. Und werden eingefasst von dem schwarz-goldenen Rahmen, der schon auf sie wartet.

Rahmen: Pears Basic (oben links), Tiara (oben rechts), Lyon (unten mittig)

IM STROM DER ZEITEN

Der alte Wecker tickt leise, das gestreifte Kissen ist aufgeschüttelt, um sich hinzulegen und ein Buch aufzuschlagen. Der Tag ist heute etwas grau und bedeckt. Gedämpfte Alltagsgeräusche dringen in den Raum und in den Kopf. Gesprächsfetzen auf der Straße, heranrollende und sich entfernende Autos. Türenschlagen und Kinderrufen. Zaghafte Vogelstimmen. Vermischen sich mit den Fragmenten des endlosen 16. Juni 1904 in Dublin, dem „Welt-Alltag" in der Odyssee einer ganzen Epoche. Mit dem Bewusstseinsstrom des Leopold Bloom, den Morgengeräuschen des Kaigeländes, an dem er vorbeispaziert. Die Zeiten verschieben sich – die Ewigkeit als eine andauernde Gegenwart.

MELANGE IN BRAUN

Ein provozierender und gleichzeitig zurückhaltender Blick trifft uns. Wächst aus dem skizzenhaften Körper heraus. Vielleicht ein Spanier. Die Kohlezeichnung, auf Sienabraun, verbindet sich mit dem silberfarbenen Rahmen. Eine erdig-grüne Wand, ein anmutig geschwungener Beistelltisch, ein wenig alte Spitze. Eine Nuance Palazzo-Atmosphäre liegt in der Luft.

Rahmen: Renaissance II

Rahmen: Vivo.

DIE SPRACHE DER SKULPTUREN

Sich ausruhen, sich entspannen – vom hektischen Alltag erholen. Eine Leder-Schreibmappe wartet auf Geschichten, die uns die Skulpturen auf den Bildern im Hintergrund erzählen.

Rahmen: Lyon

ALITALIA IS IN ALL OF ITALY AND GOES EVERYWHERE IN THE WORLD
Mecklenburgische Seenplatte

EIN PORTRÄT UNSERER WELT

Die Welt archiviert in der „Black Box", das Kartenmaterial sicher aufbewahrt in den Sammelmappen „Standard" und „Classic" und gerahmt im „Casa" – Eindrücke von Reisen durch Europa, Ozeanien oder Südamerika, festgehalten in boesner-Zeichenbüchern. Ein Atlas liegt aufgeschlagen bereit. Wohin geht wohl die nächste Reise?

AIDA
OPERA IN QUATTRO ATTI
ANTONIO GHISLANZONI
GIUSEPPE VERDI

AUFTRITT DER ALLESKÖNNER

Der Rahmen „Louvre" und das boesner-Apothekerglas. Beides offensichtlich wandlungsfähige Alleskönner. Der „Louvre" präsentiert sich dieses Mal als idealer Ort für die Präsentation von Erinnerungen. Das Apothekerglas ist als Aufbewahrungsbehälter für rotes Pigment dienstbar gemacht.

I NEVER PROMISED YOU A ROSE GARDEN

Die silberne Linie des „Uno"-Rahmens hebt sich von dem verspielten Blumengrund ab. Sachlichkeit und Ornamentik: Der klare Rahmen grenzt die Gesichter voneinander ab und rückt sie zugleich nah heran. Die Dichte der Augenpaare fesselt, ihr Blick streift uns – mal eindringlich, mal verhangen.

VIGNOLA/ORDINE IONICO
T XX
Moduli
quattro

ARCHITEKTUR GERAHMT

Rechts ein für die Endbearbeitung bereitgestellter Rahmen – noch Stumpf in der Oberfläche. Die Bühne wird beherrscht vom „Vivo", dessen keramisch wirkende Oberfläche das einfallende Licht reflektiert. Das gerahmte Blatt zeigt Kapitelle, Schmuckelemente klassischer Architekturen. Architekturzeichnungen – festgehalten im Skizzenbuch berühmter Baukundler, archiviert in Aufbewahrungsbehältern ...

KLEINER MANN, WAS NUN?

Mit Sicherheit ein wenig fechten, mit der aufragenden Burg im Rücken. Sich gefährlich auf die Feinde stürzen und einmal der Ritter mit den roten Ringelsocken sein. Sich mit frisch gespitzten Stiften in die hellblaue Atmosphäre hineinmalen, bis eine Stimme zum Essen ruft. Und sich dann schweren Herzens losmachen von den Kinderträumen …

Rahmen: Uno Vario

EIN STARKER AUFTRITT

In fleckenloser Weste tritt „Señor Fancelli“ auf. Werbung für Zahnpflege, die, perfekt gerahmt, ihren Weg ins Badezimmer gefunden hat.

Una vez por semana...
...se debe "pulir con especial cuidado" el frente de la dentadura.
Colocar un centímetro del dentífrico DUBARRY — pasta rosa o blanca — sobre un pañito seco (de hilo o algodón) y frotar los dientes de "abajo hacia arriba y de arriba hacia abajo" con la presión del dedo.
Después hacer buches con agua fría o tibia para quitar la pasta en forma de espuma. Luego con el mismo pañito limpio y un poco húmedo repasar nuevamente los dientes.
Este procedimiento está aún más indicado para los que tienen los dientes descarnados y las encías débiles o enfermas por el abuso del cepillo y de los malos dentífricos.
El resultado es maravilloso, millares de personas lo practican y ríen con frecuencia para lucir la brillantez de sus dientes.
Perfumería Dubarry
Fundada en 1903
Dentífrico Dubarry
Pasta Rosa
La fórmula jabonosa del DENTIFRICO DUBARRY está fabricada a base de

KOKOS
DIAMANT
Raffinade
ZUCKER
Feine
Körnung

ATELIER UND APOTHEKE – KÜCHE UND KUNST

173

Ob Küche oder Atelier, die guten alten Apothekergläser sind für alles zu haben. Das Glas als Rahmen macht die Eigenart der Dinge wahrnehmbar. Es präsentiert sie und inszeniert sie, es weckt die Schau- und manchmal auch die Gaumenlust. Das saftige Safrangelb und brennende Chilirot kann aus Pigmenten stammen oder aus Gewürzen. Aber auch kleine private Sammlungen aus Steinen, Sand oder getrockneten Blumen haben in den Gläsern Platz. Die Sichtbarkeit der Materialien ist funktional und sinnlich zugleich. Das macht Lust auf Anfassen, Kombinieren, Mischen, Auswählen, Kosten, Riechen … Die Kunst der Küche ist nicht weit vom Atelier entfernt.

Rahmen: Julien

NOCH EIN KLEINER DIGESTIF ...

... und dann müssen wir uns verabschieden. Die Bilder geleiten uns hinaus, grüßen artig mit geschwungenem Schriftzug und geben uns die Hand. Einen süßen, leicht bitteren Geschmack im Mund, blicken wir durch sie hindurch auf die Fenster der anderen Seite. Und gehen hinaus – buon divertimento!

RIVOIRE & CARRET
LE MACARONI RIVOIRE ET CARRET SE MANGE ÉLÉGAMMENT
RIVOIRE & CARRET
LE MACARONI RIVOIRE ET CARRET SE MANGE ÉLÉGAMMENT

SCHNELLER ALS DIE PASTA FERTIG IST …

… lässt sich der Rohholzrahmen „Quadro" kolorieren. Innerhalb von 5 Minuten kann er sein Gesicht ändern und bekommt eine andere Farbe, eine andere Atmosphäre, eine andere Temperatur. Währenddessen köchelt die Pasta, bis sie „al dente" ist, und der würzige Duft von Tomatensauce lässt weitere Inspirationen aufkommen.

GELB & BLAU

Bespannte Keilrahmen in Gelb und Blau, komplementär – jedoch verbunden – betont noch durch die Weiße der Wand. Minimal betriebener Aufwand – maximale Wirkung.

Rahmen: Tiara (links oben u. unten), bespannte Keilrahmen (rechts oben u. unten)

Rahmen: Lars (links), Schattenfuge LI 1458 (rechts)

ZU HAUSE INS CAFÉ

Zwar kann man nicht seine ganze Zeit in französischen Cafés und italienischen Bars verbringen, aber man kann sich so fühlen! Bei dieser Porträtsammlung alter Filmstars kommt Kaffeehausstimmung auf. Eine ganze Wand lässt sich mit dem Glaswechselrahmen „Lars“ bestücken und immer wieder anders inszenieren. Hier ist er mit schwarzer Acrylfarbe bearbeitet und setzt die Schwarz-Weiß-Fotos gekonnt in Szene. Und weil „Lars“ den Geldbeutel schont, kann man sich danach immer noch einen Milchkaffee in Paris gönnen. Doch erstmal bleiben wir lieber zu Hause und lassen Sophia Loren zuschauen, wie wir unseren Caffè Latte genießen.

1 LITER
BOTTLE
un bateau

SPIEL DER FARBEN – SPIEL DER SCHATTEN

Die Sonne lässt das Gelb der Wand strahlen. Dazu das leuchtende Türkis, das sanftere Gelbgrün der kubusförmigen Körper. Das Licht bricht sich und wirft einen weiteren Schattenkubus an die Wand. Der Holzkörper „Casani" betritt die Bühne, vielseitig, offen für Experimente, kostengünstig, problemlos austauschbar. Der Rahmen wird hier zum Objekt, ist Skulptur und Farbträger zugleich.

Rahmen: Futura

DER ITALIENER

Für welches Gericht entscheide ich mich denn heute? Habe ich Appetit auf „Hähnchen à la Spego" oder auf „Marinierte Sardellen mit Brot"? Der neue Italiener von nebenan hat alles im Angebot. Ich lasse es mir schmecken.

NO

DUELL DER PISTOLEN

Ja! Nein! Yes! No! Si! No! Wie Schüsse knallt der kämpferische Dialog der Revolver und hallt in dem Raum nach. Wir hören Schritte. Die Pistolen sind aufeinander gerichtet, laufen wie Streithähne aufeinander zu. Passiert gleich was oder ist schon alles vorbei? Wie Beweisstücke liegen die Waffen als Corpora Delicti hinter dem Glas des Objektrahmens „Xenos". Der Rahmen wird zur Vitrine eines inszenierten Tatorts. Präsentiert die Indizien auf freundlichem Grün und Gelb. „No!", sagt das Bild nun noch einmal ganz sachlich und bestimmt. „Mais oui!", antwortet energisch die kleine schwarze Pistole. Und dann drückt jemand ab.

JAPAN IN ZITRONENGELB

Der „Casani"-Rahmen scheint auf der Wand zu schweben; ein Schmetterling hat sich darin niedergelassen. Ein japanischer Zweig ragt ins Blickfeld, ganz zart und leicht, fast nur Zeichnung. Gleich wird sich der Schmetterling aus dem Rahmen lösen, losfliegen und sich auf den Ast setzen.

Adamo: (S. 18–19, 130–131)
Die Leiste „Adamo" zeichnet sich durch ihr zeitlos zurückhaltendes Design aus. Passt in jedes Interieur. Die feinen Goldkanten verleihen der Leiste zusätzliche Eleganz. In 6 Farbausführungen erhältlich. Leistenbreite 19 mm, Leistenhöhe 22 mm.

AJ 7020: (S. 14–16)
Rohholzleiste mit eckigem Profil, eignet sich besonders für großformatige Arbeiten. Leistenbreite 70 mm, Leistenhöhe 20 mm.

Althea: (S. 114–115, 136–137, 138–139)
Dieser boesner-Atelierrahmen ist in traditioneller Vergoldertechnik von Hand über Eck gearbeitet. Typisch für die sehr hochwertige Rahmenvergoldung sind die geschlossenen Gehrungen. Althea ist in 5 Formaten erhältlich. Leistenbreite 30 mm, Leistenhöhe 25 mm.

Alvarez: (S. 130–131)
Leiste mit außergewöhnlich schön geschwungenem goldfarbenen Profil. Eine Leiste, die im Rahmenverbund ihre volle Wirkung entfaltet. Leistenbreite 32 mm, Leistenhöhe 26 mm.

Alvaro: (S. 123, 148–149)
Seidenmatter schwarzer Glanz auf dem wellenförmigen Profil, die Kanten von Hand durchgerieben, so stellt sich die Leiste „Alvaro" dar. Leistenbreite 72 mm, Leistenhöhe 17 mm.

Appiani: (S. 130–131)
Leiste mit außergewöhnlich schön geschwungenem goldfarbenen Profil. Eine Leiste, die im Rahmenverbund ihre volle Wirkung entfaltet. Appiani schmal: Leistenbreite 31 mm, Leistenhöhe 23 mm; Appiani breit: Leistenbreite 50 mm, Leistenhöhe 33 mm.

Blanche: (S. 108–109, 116)
Fein strukturierter, weiß lasierter Leerrahmen. Für Keilrahmen bis 2 cm Tiefe geeignet. Blanche-Leerrahmen in 10 Formaten erhältlich. Blanche-Glaswechselrahmen mit Doppelverglasung in 4 Formaten erhältlich, der Blanche & Casani ist in 3 Formaten erhältlich. Leistenbreite 42 mm, Leistenhöhe 27 mm.

Caja: (S. 8–9, 14–15, 17, 86–87, 146–147)
Der Objektrahmen mit Glas ist mit einer Distanzleiste ausgestattet, die einen 3 cm tiefen Raum entstehen lässt. Das breite Profil macht zudem sehr große Formate möglich. In den Farbausführungen Weiß und Schwarz sowie in 9 Formaten erhältlich. Leistenbreite 30 mm, Leistenhöhe 45 mm.

Casa: (S. 59, 68–68, 160–161)
Leiste mit dezent bearbeiteter farbiger Oberfläche. Das gerahmte Bild wird so in seiner Wirkung ausgezeichnet hervorgehoben. Ein Blickfang für jede Bildpräsentation. In 5 Farbausführungen. Casa schmal: Leistenbreite 35 mm, Leistenhöhe 21 mm; Casa breit: Leistenbreite 65 mm, Leistenhöhe 22 mm.

Casani-Holzkörper: (S. 20–23, 76–77, 102, 104–105, 116, 145, 182–183, 188–189)
Der bewährte Casani-Holzkörper hier als Rahmen eingesetzt. 20 Formate in 3 cm Tiefe erhältlich, 12 Formate in 6 cm Tiefe erhältlich.

Clio: (S. 134–135)
Der Fotowechselrahmen mit klassisch zurückhaltender Leiste. Der Rahmen wird von Hand hergestellt. Der Clio ist in 5 Formaten erhältlich. Leistenbreite 17 mm, Leistenhöhe 13 mm.

Cyril: (S. 152–153)
Breite Leiste, die klassische Bildthemen sehr eindrucksvoll rahmt. In 3 Farbausführungen erhältlich. Leistenbreite 54 mm, Leistenhöhe 26 mm.

Delos: (S. 136–137)
Dieser boesner-Atelierrahmen in traditioneller Vergoldertechnik ist von Hand über Eck gearbeitet. Typisch für die sehr hochwertige Rahmenvergoldung sind die geschlossenen Gehrungen. Delos ist in 5 Formaten erhältlich. Leistenbreite 38 mm, Leistenhöhe 20 mm.

Etienne: (S. 20–21)
Diese Leiste wird in einer kleinen Werkstatt in exklusiver Handarbeit gefertigt. Die von Hand aufgetragenen Farben machen jeden Rahmen zu einem Unikat. Leistenbreite 23 mm, Leistenhöhe 25 mm.

Fancelli: (S. 170–171)
Der Leerrahmen „Fancelli" hebt sich mit einer intensiven, aber in der Mitte des geschwungenen Profils durchgeriebenen Farbgebung hervor. In 4 Farbausführungen erhältlich. Leistenbreite 61 mm, Leistenhöhe 35 mm.

Ferrum S: (S. 53, 54–55)
Schwerer Eisenrahmen aus gewalztem Stahl. In 5 Formaten erhältlich. Rahmenbreite 25 mm, Rahmentiefe 25 mm.

Fleur: (S. 82–83)
Blau lasierte Holzleiste mit eingeprägtem Muster, das an Wellen oder Rosen erinnert. Das zarte Blau lässt noch ein wenig von der Farbe des Holzes durchscheinen und verleiht dem Rahmen einen fast handwerklichen Charakter. Leistenbreite 40 mm, Leistenhöhe 20 mm.

Foscari: (S. 70–71)
Die schmale Leiste „Foscari" erstrahlt an den Außenprofilierungen in warmem Gold. Sie wird durchzogen von einem schmalen farbigen Band. Besonders wirkungsvoll im Rahmenverbund. In 4 Farbausführungen erhältlich. Leistenbreite 20 mm, Leistenhöhe 22 mm.

Futura: (S. 12–13, 184–185)
Durch die flache Sichtkante bilden die Bilder mit dem Rahmen förmlich eine Einheit. In 2 Ausführungen erhältlich. Leistenbreite 68 mm, Leistenhöhe 16 mm.

Holzpassepartout: (S. 117)
Mit lantis-Roh-Passepartouts lassen sich mit einfachsten Mitteln wertvolle Passepartout-Unikate schaffen, die durch ihre künstlerische Wirkung verblüffen. In 10 Formaten lieferbar. Zwei Passepartouts haben mehrere Ausschnitte. Aus 11 mm starkem MDF-Holz.

Julien: (S. 73, 120–121, 174–175)
Diese Leiste wird in einem kleinen Atelier in Handarbeit gefertigt, sie besitzt ein nach innen leicht abgeschrägtes, modernes Profil. In 8 Farbausführungen erhältlich. Leistenbreite 29 mm, Leistenhöhe 26 mm.

León: (S. 26–27)
Bilderrahmen aus einer spanischen Vergolderwerkstatt. Hier wird der León für eine Glas-in-Glas-Rahmung verwendet, die dem Bild eine außergewöhnliche Transparenz verleiht. Leistenbreite 30 mm, Leistenhöhe 20 mm.

linea Acrylglas: (S. 10–11, 24–25)
Glas als Rahmen. Eigentlich ein Malgrund, der dem Künstler neue Spielarten mit Licht und Transparenz eröffnet. In 8 Formaten erhältlich. Stärke der Platten: 10 mm.

Louvre: (S. 50–51, 103, 110–111, 162–163)
Grundierter und mit Ornamenten belegter Fertig- und Rohrahmen für die künstlerische Weiterbearbeitung. Louvre-Fertigrahmen in 6 Formaten, Louvre „Roh" in 4 Formaten erhältlich. Leistenbreite ca. 73 mm, Leistenhöhe ca. 45 mm.

Lyon: (S. 59, 92, 94–95, 154, 159)
Durch die Lasierung der Leiste in Naturtönen ist die Struktur des Holzes besonders gut sichtbar. In 6 Farbausführungen erhältlich. Leistenbreite 43 mm, Leistenhöhe 22 mm.

Marco: (S. 90)
Rohholzleiste mit seitlich abfallendem Profil, weiß lasiert. Leistenbreite 35 mm, Leistenhöhe 20 mm.

Murano: (S. 130–133)
Schmale Leiste mit dezent elfenbeinfarbenen Strukturornamenten. Ein Muss für jede Rahmenwand mit klassischen Bildmotiven. In 2 Farbausführungen erhältlich. Leistenbreite 26 mm, Leistenhöhe 28 mm.

Octavio: (S. 122, 126–127, 130–131)
Octavio in schmaler, breiter und Maxi-Ausführung mit klassisch geschwungener Leiste. Sehr gut geeignet für eine Hängung im Verbund. In 2 Farbausführungen erhältlich. Octavio schmal: Leistenbreite 16 mm, Leistenhöhe 19 mm; Octavio breit: Leistenbreite 26 mm, Leistenhöhe 22 mm; Octavio maxi: Leistenbreite 36 mm, Leistenhöhe 26 mm.

Olanda: (S. 150–151)
Durch die „Arbeitsspuren" im Holz antik wirkender Rahmen mit handwerklich sehr aufwändiger Verarbeitung. Die schwarze Oberfläche schimmert in vielen Schattierungen und verleiht der Leiste Wärme. Leistenbreite 115 mm, Leistenhöhe 53 mm.

Orania: (S. 112, 124–125, 134–135)
Der Fotowechselrahmen mit ornamental verzierter Leiste. Der Rahmen wird von Hand hergestellt. Orania ist in 5 Formaten erhältlich. Leistenbreite 25 mm, Leistenhöhe 20 mm.

Pears: (S. 10–11)
Der hochwertige Standard-Aluminium-Wechselrahmen ist mit einem leicht abge-

rundeten Profil ausgestattet. In 6 Farbausführungen sowie in 14 Formaten erhältlich. Leistenbreite 9 mm, Leistenhöhe 19 mm.

Pears Basic: (S. 110, 118–119, 154)
Das breite Profil des Pears Basic eignet sich sehr gut für die Rahmung von großformatigen Arbeiten. Der hochwertige Aluminium-Wechselrahmen ist in 2 Farbausführungen sowie in 6 Formaten erhältlich. Leistenbreite 23 mm, Leistenhöhe 18 mm.

Pears Gallery: (S. 48–49)
Das schmale Profil des Aluminium-Wechselrahmens ist leicht zum Bild hin abgeschrägt. So erhält die präsentierte Arbeit zusätzliche Tiefe. In 3 Farbausführungen sowie in 5 Formaten erhältlich. Leistenbreite 6 bzw. 10 mm, Leistenhöhe 24 mm.

Portofino: (S. 4–5, 7)
Konkav gerundete Leiste. Lieferbar in 4 Farben. Leistenbreite 30 mm, Leistenhöhe 40 mm.

Potsdam: (S. 124–125)
Besser gehts nicht! Die Leiste „Potsdam" erhöht die Wirkung von Kunstwerken mit klassischer Thematik. In 6 Farbausführungen erhältlich. Leistenbreite 90 mm, Leistenhöhe 35 mm.

Quadro: (S. 34–35, 42–43, 56–57, 60–61, 106–107, 176–177)
Der Glaswechselrahmen aus naturbelassenem Holz wird in den boesner-Werkstätten sorgfältig hergestellt. Ein im Ausstellungsbereich sehr beliebter Rahmen. Quadro Linde ist in 12 Formaten, Quadro Buche und Ramin sind in jeweils 7 Formaten, Quadro Kirsche ist in 5 Formaten erhältlich. Leistenbreite 20 mm, Leistenhöhe 30 mm.

RA 2428: (S. 73, 91)
Runde Rohholzleiste, koloriert. Leistenbreite 24 mm, Leistenhöhe 28 mm.

Renaissance II: (S. 157)
Sehr breite Leiste mit Außenprofilierungen, die ein Strukturdekor zeigen sowie einen ornamentalen Innendekor, in Silber erhältlich. Leistenbreite 102 mm, Leistenhöhe 43 mm.

Rialto: (S. 59)
Die schwarze Oberfläche der Leiste wird von Hand abgerieben und poliert, dadurch erhält sie ihren seidigen Glanz und die rote Grundierung wird sichtbar. Leistenbreite 30 mm, Leistenhöhe 20 mm.

Rosso: (S. 45)
Sehr breite und ausdrucksstarke Leiste mit roten Einkerbungen auf weißem Grund, hervorragend für Großformate geeignet. Leistenbreite 108 mm, Leistenhöhe 33 mm.

Schattenfugen-Leisten LI 1458, 1045, RA 0540: (S. 64–65, 90–91, 102,116, 180–181)
Diese Rohholzleiste lässt Abstand zwischen Kunstwerk und Rahmen und unterstreicht hiermit die Wirkung von Werken, die keine Einengung vertragen. Die Schattenfuge ist zweiseitig verwendbar und mit verschiedenen Sichtkanten erhältlich. Leistenbreite 22–58 mm, Leistenhöhe 40–45 mm.

Tarragona: (S. 32–33, 91)
Diese besonders flache, schmale und breite Leiste bietet eine repräsentative Optik für Bildeinrahmungen aller Art. Tarragona schmal: Leistenbreite 50 mm, Leistenhöhe 18 mm; Tarragona breit: Leistenbreite 78 mm, Leistenhöhe 24 mm.

Tiara: (S. 154, 179)
Die weiß lasierte Leiste besitzt ein leicht abgeschrägtes kantiges Profil, das nahezu jedes Bild perfekt rahmt. Leistenbreite 34 mm, Leistenhöhe 48 mm.

Uno: (S. 62–63, 66–67, 88–89, 96–97, 100–101, 164–165, 169, 176–177)
Glaswechselrahmen aus Holz für den universellen Einsatz. Der Uno Ajous massiv kann koloristisch weiterverarbeitet werden. Durch die Sichtkantentiefe von 7 mm liegt das Bild optisch tiefer im Rahmen. In 7 Farbausführungen sowie in 16 Formaten erhältlich. Leistenbreite 17 mm, Leistenhöhe 25 mm.

Uno Vario: (S. 71, 80–81)
Variabler Wechselrahmen aus Holz mit einer zweiten Glasscheibe und zusätzlicher Abstandsleiste. In 3 Farbausführungen sowie in 7 Formaten erhältlich. Leistenbreite 17 mm, Leistenhöhe 30 mm.

Valmont: (S. 128–129, 140–141)
Eine Leiste aus sorgfältig ausgesuchtem Wurzelholz, das dem Rahmen eine außergewöhnlich ansprechende Charakteristik verleiht. In 2 Farbausführungen erhältlich. Valmont schmal: Leistenbreite 20 mm, Leistenhöhe 14 mm; Valmont breit: Leistenbreite 30 mm, Leistenhöhe 14 mm.

Ventura: (S. 124–125)
Silber- und goldfarbene Leiste, deren Längsmaserung durch Abreibungen durchbrochen ist. In 2 Farbausführungen erhältlich. Ventura schmal: Leistenbreite 27 mm, Leistenhöhe 16 mm; Ventura breit: Leistenbreite 39 mm, Leistenhöhe 20 mm.

Vienna: (S. 138–139)
Die Altgoldornamente mit der feinen Patinierung wirken auf dem leicht geschwungenen Profil sehr harmonisch. Leistenbreite 74 mm, Leistenhöhe 31 mm.

Vivo: (S. 59, 98, 158, 166–167)
Die Leiste „Vivo" besticht durch ihre keramisch wirkende Oberfläche. In 5 Farbausführungen erhältlich. Vivo schmal: Leistenbreite 40 mm, Leistenhöhe 20 mm; Vivo breit: Leistenbreite 75 mm, Leistenhöhe 18 mm.

Wave: (S. 84–85, 118–119)
Der Glaswechselrahmen „Wave" erinnert an gleichmäßig fließende Wellenkämme. Im Zusammenhang mit der zurückhaltenden Farbgebung ein neuer, unverwechselbarer Look im Bereich Einrahmung. In 2 Farbausführungen sowie jeweils 6 Formaten erhältlich. Leistenbreite 27 mm, Leistenhöhe 28 mm

Xenos Art: (S. 40–41)
Der Xenos Art kombiniert Rahmen und Malgrund. Die Malplatte eröffnet zahllose Möglichkeiten der künstlerischen Bearbeitung. In 2 Formaten erhältlich. Malplatte bei Außenmaß 28 x 28 cm = 13 x 13 cm; bei Außenmaß 40 x 40 cm = 25 x 25 cm. Leistenbreite 65 mm, Leistenhöhe 34 mm.

Xenos Objekt: (S. 104–105, 186–187)
Variabler Glaswechselrahmen mit einer zweiten Glasscheibe und einem zusätzlichen Distanzrahmen, mit dessen Hilfe Objektrahmungen vorgenommen werden können (Objektraumtiefe 2 cm). In 2 Farbausführungen sowie 4 Formaten erhältlich. Leistenbreite 45 mm, Leistenhöhe 43 mm.

Die Preise zu den abgebildeten Rahmen finden Sie im jeweils gültigen boesner-Katalog. Dort können Sie sich auch zu weiteren Bilderrahmen im Kapitel „Rahmenleisten" und zu anderen Künstlermaterialien informieren.

Den boesner-Katalog können Sie unter www.boesner.com bestellen

BILDNACHWEIS

Ina Riepe: S. 8/9, S. 11, S. 14-16, S. 32/33, S. 34, S. 56, S. 69, S. 74, S. 90/91, S. 94/95, S. 98, S. 103, S. 114, S. 116/117, S. 151, S. 157, S. 164/165, S. 179, S. 186 (Installation)

S. 26: Heinz Mack: Privatsammlung

S. 62/63: Plakat „Pünktchen und Anton": Illustration von Walter Trier, © Atrium Verlag, Zürich 1930

S. 154: Plakat „James Joyce": © Suhrkamp Verlag, Frankfurt am Main

FOTONACHWEIS

Ina Riepe: S. 4, S. 158

BILDMATERIAL AUS PRIVATSAMMLUNGEN/-BESITZ

S. 50, S. 59, S. 66/67, S. 96/97, S. 118/119, S. 126/127, S. 130/131, S. 134/135, S. 140/141, S. 170/171, S. 176/177

Auf folgenden Seiten sind mit freundlicher Genehmigung von Fischer's LAGERHAUS, dessen Standorte sich in Hürth bei Köln, Düsseldorf und Wuppertal befinden, Möbel und Wohnaccessoirs abgebildet:
S. 20 (Teetasse mit Deckel), S. 36/46/56/144 (Hocker aus Bambus), S. 36/144 (Vollholzschale), S. 45 (Schalen), S. 45/69/175 (Bambustisch), S. 47/48/49 (Läufer, Hocker, Vogelkäfig), S. 50/157 (Anrichte aus Metall), S. 59 (Teekanne), S. 71 (Schalen), S. 73 (Holzschale), S. 74 (Bambusbank, Vollholzschale), S. 76 (Teeschale), S. 85 (Schrank, Holzschale und Holzdosen), S. 89 (Schale), S. 112 (Vogelkäfig), S. 117/182 (Anrichte aus Metall), S. 124 (Messingtabletts), S. 140 (Schrank), S. 159 (Mörser aus Stein), S. 158 (Bambustisch, Messingtablett, Vasen)